DES MEILLEURS "NOUVEAUX" POÈTES AFRICAINS
10ᵉ Anniversaire: Poètes africains d'expression française

Edité par Mpesse Géraldin
et Tendai R Mwanaka

Mwanaka Media and Publishing Pvt Ltd,
Chitungwiza Zimbabwe
*
Creativity, Wisdom and Beauty

Publisher: *Mmap*
Mwanaka Media and Publishing Pvt Ltd
24 Svosve Road, Zengeza 1
Chitungwiza Zimbabwe
mwanaka@yahoo.com
mwanaka13@gmail.com
https://www.mmapublishing.org
www.africanbookscollective.com/publishers/mwanaka-media-and-publishing
https://facebook.com/MwanakaMediaAndPublishing/

Distributed in and outside N. America by African Books Collective
orders@africanbookscollective.com
www.africanbookscollective.com

ISBN: 978-1-77933-854-9
EAN: 9781779338549

© Tendai Rinos Mwanaka 2024

All rights reserved.
No part of this book may be reproduced or transmitted in any form or by any means, mechanical or electronic, including photocopying and recording, or be stored in any information storage or retrieval system, without written permission from the publisher

DISCLAIMER
All views expressed in this publication are those of the author and do not necessarily reflect the views of *Mmap*.

Table des Matières

Marine par temps calme, 1646 : *Samira Negrouche (Algerie)*
Cours d'eau, effet du matin, 1824: *Samira Negrouche (Algerie)*
Ménerbes, 1954: *Samira Negrouche (Algerie)*
La femme du chemin: *Timba Bema, (Cameroun/Suisse)*
Être personne: *Timba Bema, (Cameroun/Suisse)*
Prière à l'oubliée: *Timba Bema, (Cameroun/Suisse)*
L'oubliée (1): *Timba Bema, (Cameroun/Suisse)*
L'oubliée (2): *Timba Bema, (Cameroun/Suisse)*
L'oubliée (3): *Timba Bema, (Cameroun/Suisse)*
J'ai vu: *Agbemele Kodjo, (Togo)*
Mon Afrique: *Etchri Efoé Koffi Essénam, (Togo)*
Fil du peril: *Etchri Efoé Koffi Essénam, (Togo)*
Sanglots: *Etchri Efoé Koffi Essénam, (Togo)*
Rendez nous nos trésors: *Nguetcheu Emile Arsele (Cameroun)*
La Mémoire de l'oubli: *Gils Da Douanla (Cameroun)*
revenons au peuple qui se meurt: *Mpesse Géraldin (Cameroun)*
Aux Enfers: *Ray Ndébi (Cameroun)*
A Dieu: *Ray Ndébi (Cameroun)*
Au bord de la rivière : *Serges Cyrille Kooko (Mali)*
Entends-tu ? *Serges Cyrille Kooko (Mali)*
Deuil: *Kokouvi Dzifa Galley (Togo)*
Instant : *Kokouvi Dzifa Galley (Togo)*
Eclosion: *Ayi Dossavi (Togo)*

Holocauste: *Ayi Dossavi (Togo)*
Je trace: *Joel Amah Ajavon (Togo)*
Eunuque, je pense à toi: *Joel Amah Ajavon (Togo)*
Apprendre à mourir: *Herman Kamwa (Cameroun)*
Au bout du fil: *Herman Kamwa (Cameroun)*
Au gré du vent: *Herman Kamwa (Cameroun)*
La moquerie : *Ousmane Sanogo (Côte d'Ivoire)*
L'étranger : *Ousmane Sanogo (Côte d'Ivoire)*
La restitution: *Ousmane Sanogo (Côte d'Ivoire)*
Le miroir : *Ousmane Sanogo (Côte d'Ivoire)*
Oh, non ! *Ousmane Sanogo (Côte d'Ivoire)*
Ce soir : *Ousmane Sanogo (Côte d'Ivoire)*
La Sphinge : *Sadlay Fiat-lux Hounyeme (République du Bénin)*
Vivre selon Lui : *Sadlay Fiat-lux Hounyeme*
L'enfance : *Sadlay Fiat-lux Hounyeme*
Opportuniste reine : *Akpao Gninwo Armel (République du Bénin)*
Chant du tangage: *Itoua L'Okalé (République du Congo)*
Fraîcheur des vents calmes : *Alvie Mouzita (République du Congo)*
MwasiKitoko : *Alvie mouzita (République du Congo)*
Incantation du feu : *Alvie Mouzita (République du Congo)*
Elle…: *Abdou Rafiou Berekou (Togo)*
Souffle : *Abdou Rafiou Berekou*
Une part d'elles… : *Abdou Rafiou BerekouM*
Souvenir : *Yves Laroche Ngodjo Abata (Cameroun)*
Bronzitude: *Michel Dongmo Evina (Cameroun)*
Le feu du milieu : *Michel Dongmo Evina*

Réminiscences: *Faustin Junior Embolo Embolo (Cameroun)*
L'Afrique contaminée : *Corneille Mbonyi (République démocratique du Congo)*
A toi Afrique : *Serge Billo Ebanga (Cameroun)*
J'ai rêvé de toi Afrique : *Serge Billo Ebanga (Cameroun)*
Oublier : *Chandra Feupessi (Cameroun)*

NOTES BIOGRAPHIQUES

Negrouche Samira est une poète algérienne de langue française auteure d'une dizaine de recueils de poésie, d'anthologies et de traductions; également traductrice de poètes contemporains de l'arabe et de l'anglais vers le français. Ses livres sont principalement publiés en Algérie et en France. Traduite dans une vingtaine de langues, elle est publiée dans de nombreux pays en volume ou en collectifs. Parmi ses publications: L'opéra cosmique (2003) Le Jazz des oliviers (2010) et Six arbres de fortune autour de ma baignoire (2017). Médecin de formation, elle se consacre exclusivement à l'écriture.

Timba Bema naît au quartier Bali à Douala, Cameroun. Très tôt, il s'adonne à la poésie et participe à différents collectifs. Après la lecture de *Le procès* de Frantz Kafka, il comprend que sa vocation est d'écrire. Il quitte le Cameroun en 2001 pour continuer ses études à Nantes, puis Paris. Il vit et travaille depuis 2007 à Lausanne. Ses nouvelles ainsi que ses poèmes sont publiés entre autres par Smokelong et Encre Fraîche. Il est l'initiateur de la Revue des Citoyens des Lettres et participe à plusieurs projets autour du livre.

Agbemele Kodjo est Togolais et vit au Togo. Auteur de deux romans : *Interface* et *Celles qui n'attendent pas*, il est lauréat de prix nationaux et internationaux. Il dirige la maison d'édition AGAU Editions.

Etchri Efoé Koffi Lucky Essénam est un jeune écrivain togolais.

Emile Arsele Nguetcheu est né le 09 décembre 1976 à Bafang, petite ville de l'Ouest Cameroun. Il a co-fondé, avec le poète gabonais Patrick ALEPH, Le Club Des Poètes du Gabon où il a été le Secrétaire Général. Il est membre de la Ronde des Poètes du Cameroun, ami de l'association Livre Ouvert. Après avoir exercé plusieurs activités: Représentant Permanent à Wally Agence Hotesse (Gabon), Rédacteur en Chef du journal "La voix des jeunes" (Gabon), Consultant au Comité de l'Excellence Africaine (Cameroun), Président d'Africa Foundation Awards (Cameroun), Commerçant, il est actuellement Maître de Cérémonies. Il est l'auteur de plusieurs livres de poèmes et de théâtre tels que *Les racines de la résistance* (2016), *Le moi qui parle* (2012), *Le vertige de la parole* (2011), et *La clé des bribes si*.

Gils Da Douanla, du Cameroun, prépare un mémoire en littérature hispano-américaine. Il est acteur et médiateur culturel entre francophones et hispaniques. Il est également traducteur-interprète indépendant –français-espagnol. Il est membre du CLIJEC –Cercle Littéraire des Jeunes du Cameroun– et collaborateur des magazines de littérature Clijec le Mag' et de culture africaine Lepan África Revista. Il est auteur de plusieurs nouvelles et poèmes publiés dans les revues et ouvrages collectifs. Il est lauréat du concours national de nouvelles pour jeunes auteurs (2016) et lauréat du concours de nouvelles de l'Ambassade et du Centre Culturel d'Espagne au Cameroun (juillet 2018).

Mpesse Géraldin vit et écrit à Yaoundé. Il est auteur d'un recueil de poèmes en langue espagnole. En 2018, il publie, avec les écrivains argentins, l'anthologie *Palabras tabuadas*. Le jeune écrivain a publié des poèmes dans la revue (en ligne) *Le capital de mots*. Il écrit également pour Clijec Mag'. Par ailleurs, il a été le président du comité d'organisation de la 3e édition du FESTAE (Festival africain des écrivains émergents). Enseignant d'espagnol et étudiant-chercheur en Langues Africaines et Linguistique à l'Université de Yaoundé I, il est actuellement le directeur de publication de Lepan África Revista.

Ray Ndébi est Camerounais, basé à Yaoundé. Écrivain (auteur de *The Last Ghost: Son of Struggle*), il est analyste littéraire, chercheur, traducteur et directeur de publication au sein de NGUEDI Jm Éditions. Passionné de littérature, il s'occupe aussi de la formation des lecteurs professionnels et de l'orientation des auteurs dans l'association littéraire le Salon de Littérature.

Serges Cyrille Kooko, poète et écrivain malien d'origine camerounaise, est auteur de *Les Larmes du silence* en 2016 et *A la Croisée des chemins* en 2018 aux Éditions INNOV.

Kokouvi Dzifa Galley est né à Lomé. En 2004, il est titulaire d'une Maitrise en Sciences Economiques de l'Universités de Lomé. Il est membre du réseau d'auteurs *Escale des Ecritures*. Boursier Beaumarchais en 2009, lauréat de Visas pour la création 2016, il participe à plusieurs résidences d'écriture. Il a publié *Arènes intérieures* (Théâtre) In Libre cours au Tarmac, Editions Passage (s), France, 2018 ; *Un pas avant* (Théâtre), Editions Awoudy, Lomé, 2018 ; *bris de vie, bris de souffle* (Poésie), Ed Ponts de Lianes, Togo, 2017 ; *Peau de braise* (Théâtre) in Balade théâtrale 2, Ed.

Awoudy, Lomé, 2015 ; *Dés-espérances* (Théâtre) in *Balade théâtrale*, Ed. Awoudy, Lomé, 2013 ; *Incertitudes* (Theater) Ed Lansman, Belgique, 2009 ; *L'Oracle a parlé et autres contes du Togo*, (Conte) Ed Ponts de Lianes, Togo, 2014.

Ayi Dossavi, de son nom complet Renaud Dossavi-Alipoeh, est un écrivain (poète, essayiste et nouvelliste) et blogueur togolais. Né en septembre 1993 à Lomé, il est biologiste de formation. Il a publié à ce jour cinq livres dont *Rosées Lointaines* (2015), *Chants de Sable* (2018) (poésie) et *Nous et l'histoire* (2018). En mai 2018, il a gagné le premier prix du concours continental d'écriture « Afrique de mes rêves » de la Banque Africaine de développement ainsi que le prix Littéraire France-Togo, et est actuellement secrétaire général de l'association d'écrivains PEN-Togo.

Joël Amah Ajavon est auteur, comédien, et metteur en scène. Il a été formé en interprétation dramatique à l'école Studio Théâtre d'Art de Lomé (2006-2009). Il est est lauréat des Scènes du Théâtre Francophone d'Afrique Centrale 2010 avec sa pièce *Ma rivale, la mitraille*. Il est co-fondateur de la Compagnie Artistique Carrefour et a dirigé le Festival International de Théâtre de Maison (FITMA) de 2012 à 2017. Il est par ailleurs membre du réseau d'auteurs Escale des Ecritures.

Herman Kamwa est un jeune écrivain et acteur culturel camerounais. Il est professeur de lycée et doctorant en Littérature Hispanique Comparée, option Études Théâtrales, à l'Université de Yaoundé I. Ses travaux scientifiques portent sur l'humanisme fantastique, le métissage médiatique, la poétique théâtrale et le théâtre politique dans les perspectives sémiotique et intermédiale. Il est l'auteur des recueils de poèmes *(Noces)talgiques du (bon)soir : Le pleur du carême* (2017), *Hambrientos sonidos : El grito del silencio* (2019) et de plusieurs textes inédits en français et en espagnol. Il est membre titulaire de l'Atelier de Critique et d'Esthétique Littéraire (A.C.E.L.) de Yaoundé.

Ousmane Sanogo est un jeune passionné de l'art sous toutes ses formes. Et il aimerait faire connaître ses textes au monde.

Né un septembre à Porto-Novo (République du Bénin) d'une commerçante et d'un journaliste, **Sadlay Fiat-lux Hounyeme**, pour son amour de la langue anglaise, a poursuivi ses études en littérature anglaise à l'Université où il se spécialise en Etudes Américaines. Brillant qu'il fut au cours de son parcours universitaire, il essayera de toucher à tout ce qui réclame de l'esthétique, à commencer par la peinture, avec un goût prononcé pour la musique et enfin la littérature. Sadlay empoigne la plume pour s'ériger en voix des sans-voix. Il s'y est bien tenu que les Prix n'ont pas tardé à le distinguer. En 2018, sa nouvelle *La dame à Toyota* qui constitue le fond de son premier roman reçoit le prix AfroYougAdult de Goethe Institut. En 2019, il reçoit successivement le Prix de l'écrivain en Herbe (PEH), le Prix des éditions Mémoire Héritage.

Akpao Gninwo Armel est un poète béninois âge de 27ans. Il est technicien supérieur de laboratoire en service au centre de santé de N'dali République du Bénin.

Itoua L'Okalé est né le 4 mai 1981 à Engondo, Boundji, CerafinItoua. Il a fait ses études primaires à école d'Odikango, son secondaire au CEG

Sylvestre Tsamas et au lycée Jacques Opangault de Boundji où il obtient son baccalauréat en 2002. Il est enseignant d'anglais au lycée de la Révolution à Brazzaville. Auteur de *L'identification* et *Les parasites de l'habitation* publiés aux éditions Edilivre, il possède également plusieurs œuvres inédites, incluant romans, recueils de poèmes, chroniques et essais.

Né à Mindouli, dans le département du Pool, en République du Congo, **Alvie Mouzita** est un écrivain qui évolue dans plusieurs genres littéraires, notamment la poésie à qui il a hâte de restituer les éloges qui lui sont dus, de ce qu'elle lui paraît le genre de prédilection favorable. Suivant les pas de Tchicaya U Tam'si, Léopold Sédar Senghor, Saint-John Perse, la poésie de ce poète congolais évoque plusieurs thématiques dont l'épicentre et l'éloge à la femme souvent émaillé de timbre mélancolique. Sa plume dite *négriplume*, s'attèle aussi à moucharder les tares qui corrodent le commun des mortels.

Abdou Rafiou Berekou a une formation en Anthropologie et Études Africaines et en Management des projets culturels. Finaliste du concours Écrivains Humanistes édition 2019 ; Technophile et Social Media Manager, les lettres font partie intégrante de toutes ses activités, et la poésie un genre qui lui permet d'aligner le copywriting et la vente à persuasion.

Né le 10 avril 2002 à Ekondo-Titi, Sud-ouest du Cameroun, **Yves Laroche Ngodjo Abata** est un étudiant camerounais, vivant et y poursuivant ses études à l'Université de Yaoundé 1. Il est titulaire d'une licence en Langue et Linguistique espagnole.

Michel Dongmo Evina se passionne d'écriture et de poésie depuis une décennie. Sa plume se nourrit de rencontres, du Cameroun son biotope naturel, et de l'héritage des anciens. Ses textes sont publiés dans plusieurs anthologies, notamment *Le Crépuscule des âmes sœurs* et *Bearing Witnesss*.

Faustin Junior Embolo Embolo est un Camerounais dont la plume commence à marquer les esprits. Ayant atteint l'âge de la « parole », il surfe allègrement entre révolte poétique et panafricanisme. L'amour pour sa terre favorise l'éclosion d'une pensée rationnelle. Plongé dans un univers hostile, le Cameroun demeure jusqu'au sang sa patrie, un pays dont la densité culturelle a joué en faveur de la réalisation de cette œuvre. Etudiant à la Faculté des Arts, Lettres et Sciences Humaines de l'Université de Yaoundé I et à la Faculté de Droit à l'Université de Yaoundé II en cycle de recherche, l'auteur porte en lui l'espérance d'une jeunesse en quête de model.

Mbonyi Corneille est né le 31 janvier 2008 en République démocratique du Congo, plus précisément à Goma. À travers l'encre de sa plume, il s'efforce à donner vie aux mots en explorant une multitude de thèmes. Sa poésie est un reflet de sa sensibilité et de sa vision du monde, offrant des perspectives riches et nuancées sur ces sujets cruciaux.

Serge Billo Ebanga est né à Ngaoundere dans le Grand-nord, Cameroun au début des années 80. Ce passionné de littérature est auteur de plusieurs recueils. Membre de *World Poetry Movement-Cameroon* (WPM) et du collectif des auteurs africains (CODAAF), il est, depuis janvier 2023, ambassadeur de l'Association des Poètes africains (APA) au Cameroun.

Chandra Feupeussi est diplômée des universités Côte d'Azur et Jean-Monnet en France et de FernUni en Suisse, Chandra Feupeussi est Experte en question de Francophonie et parallèlement jeune chercheuse en littérature générale et comparée au CTELA. Passionnée par l'écriture et la culture, elle reçoit quelques prix de poésie au lycée.

Introduction

J'ai été ému à la réception de cette compilation de poèmes des poètes africains d'expression française dont les poèmes ont paru dans l'anthologie *Meilleurs « Nouveaux Poètes » Africains* que l'éditeur zimbabwéen Tendai R. Mwanaka publie depuis 2015. Il m'a confié la tâche de lire les textes et de les éditer. Au départ, c'était un tapuscrit qui faisait plus de 200 pages. J'ai lu chaque vers, chaque poème minutieusement. Après lecture, je me suis senti obliger d'éliminer plusieurs textes qui ne me semblaient pas poétiques. Cet exercice m'a donc permis de comprendre que bon nombre de jeunes africains francophones qui se lancent dans l'écriture poétique ont la pleine conviction que pour écrire un poème il suffit de transformer n'importe quel texte en vers ; et tout de suite nous avons un poème, prêt à être publié. A mon humble à vis, je crois que la poésie est bien plus que ça, plus que ces vers plats couchés sur du papier. Cela dit, plusieurs poètes qui ont vu leurs poèmes paraître dans les éditions précédentes ne les verront pas dans ce livre qui célèbre la dixième année d'existence de ce projet salutaire.

Parmi la vingtaine de poètes sélectionnés, nous avons les poètes venant presque tous les pays de l'espace francophone ; et tous ne parlent qu'un seul langage : la poésie, qui est le langage commun à l'humanité. De leurs vers pétris de magie du poème, d'images, bref de beau langage se dégage une thématique riche et variée. Plusieurs poètes ont pour dénominateur commun l'Afrique. Ils récusent et décrient les tares qui minent ce continent. Le colonialisme et le néocolonialisme apparaissent comme une plaie inguérissable. Comme leurs pères, eux aussi caressent le rêve de voir l'Afrique indépendante et unie. Dans la même veine, il se dégage une obsession pour certains poètes d'appartenir à une

Afrique qui se débarrasse des dictateurs. Parmi la panoplie de thèmes que regorge le livre, la peinture de la femme est mise en exergue.

En un mot, l'anthologie des 10 ans d'existence de *Meilleurs « Nouveaux Poètes » Africains* est un projet qui met en musique plusieurs voix poétiques de jeunes africains. S'il y a donc les amoureux de la poésie africaine d'expression française à la recherche de nouvelles plumes, voici un plat poétique à déguster.

Mpesse Géraldin

Poète et photographe

Yaoundé le 05/06/2024

Marine par temps calme, 1646
Samira Negrouche

De ciel à voile
le vent qui tend et froisse
l'un attend patiemment
le retour du voyage
l'autre scrute telle roche
dénudée
tel éclat de nuage
à heure ascendante
des verres tintent
dans ce pays-là
les gens
cultivent la mer.

Cours d'eau, effet du matin, 1824
Samira Negrouche

Il y a un instant
dans l'aube qui pointe
ce on ne sait quoi
qui se fige
et retient son souffle
rien ne frémit à l'horizon
ni les ondulations de l'eau
ni même l'ombre naissante
il y a dans cet instant-là
le désir furtif
d'une éternité.

Ménerbes, 1954
Samira Negrouche

Ouvre un petit coin blanc
et construis un ciel
vertical si tu veux
estival et hivernal à la fois
qu'importe
creuse ton champ
cultive-le sur du sable
ocre et chaux s'épousent bien
hors saison
et pour les pentes ?
hachées ou granulées
saupoudrées miel
mais surtout
surtout
n'oublie pas de tailler
une barque à ta mesure
un souffle d'horizon.

La femme du chemin
Timba Bema

I

Elle était
La pierre

Le vent
Le nuage
Le tronc
Le feuillage

Elle était
L'azur

II

Elle était
Le miel des abeilles

Le clignotement des lucioles
La vacuité des perroquets
Le paradigme des termites
La mélancolie des hiboux

Elle était
La méditation des gazelles

III

Elle était

La langue du ruisseau

Le pied de la fougère
Le dos de la houe
L'huile des dattes
La chevelure du mil

Elle était
Le goût du sel

IV

Elle était
La sueur

La langue qui berce
La détresse
L'onomatopée qui exalte
L'éveil

Elle était
Le mystère

V

Elle était
La femme

Arc-en-ciel
La femme
De la terre
La femme des astres

Elle était

La femme du chemin

Être personne
Timba Bema

I

Je suis fatigué
Fatigué de ces jeux
De ces courbettes
De ces sourires
De ces murmures
De ces plaisances
De ces beuveries
De ces cuissages

Je suis fatigué
Absolument fatigué
Dans ma tête
Plus rien
De tout cela

Je veux être personne
Rien comme rien
Une feuille morte
Une volute de fumée
Un souvenir sans importance

II

Je suis fatigué
Absolument fatigué
Dans ma tête
Plus rien
De tout cela

Je veux être personne
L'inconnu dans le nombre
Qu'on voit sans voir
La terre honnie
Qu'on piétine
Qu'on crache

III

Je suis fatigué
Fatigué de ces mots
De ces décors
De ces rires
De ces quolibets
De ces touchers
De ces grandeurs
De ces parfums

Je suis fatigué
Absolument fatigué
Dans ma tête
Plus rien
De tout cela

Je veux être personne
Trois fois rien
Le sable mouvant
L'air du large
Le miaulement du tam-tam

IV

Je suis fatigué
Absolument fatigué

Dans ma tête
Plus rien
De tout cela

Je veux être personne
Le navire sans voile
Le fou sans demeure
La cendre
Qu'on piétine
Qu'on crache

Prière à l'oubliée
Timba Bema

Mon oubliée
Comme tu dors
Maintenant
Loin de mon cœur
Loin de tout

Me vient
Soudain
L'envie dévote
D'élever vers toi
Une prière

Mes amours
Comme mes songes
Se sont envolés
Avec la fumée du camphre
Et le soupir lent
De l'océan

Du ciel
Je ne vois plus que les nuages
Et des formes et des desseins
Bizarres
Pesants
Dans mes nimbes
Qui déchantent

Mon oubliée
Comme tu dors
Enfin

Dors avec toi
Ma prière

L'oubliée (1)
Timba Bema

Enfance

Mon oubliée
Comme tu dors
Maintenant
Loin de mon cœur
Loin de tout

Me vient
Soudain
L'envie dévote
D'élever vers toi
Une prière

Mes amours
Comme mes songes
Se sont envolés
Avec la fumée du camphre
Et le soupir lent
De l'océan

Du ciel
Je ne vois plus que les nuages
Des formes et des desseins
Bizarres
Pesants
Dans mes nimbes
Qui déchantent

Mon oubliée
Comme tu dors

Enfin
Dors avec toi
L'innocence

Enfance

L'oubliée (2)
Timba Bema

L'innocence
Est un labyrinthe aux murs blancs
Où courent des éléphants
Sans défenses
Poursuivis par des soldats
De porcelaine et d'étain

Enfance

L'innocence
Est une larme souterraine
Qui se pleure la nuit
A l'approche des songes
Et s'évapore
Au frémissement liminal du jour

Enfance

Tes oreilles sont grandes ouvertes
Aux murmures des astres
Que transportent les vents
Dans leur circulation ininterrompue
Entre l'instant où surgit la matière
Et celui où on est absorbé par le bruit

Enfance

Ta bouche édentée est une nasse
Juchée sur la branche d'un arbre
Par un jour gris, triste et gris

Pour recueillir la poussière étincelante
Des étoiles mortes d'épuisement
Dans un passé sans commencement ni fin

Enfance

A présent éparpillée aux postes frontière de la mémoire
Dépecée par les magiciens, ceux qui transforment le verbe en or
Où est donc mon oubliée ?
Cette infime part de moi dérive dans l'océan sombre du temps
Ce signe, que j'ai longtemps pressenti dans le regard mystérieux des chats
Ainsi que dans l'ivresse des vieilles femmes

Enfance

Où est donc mon oubliée ?
Se cache-t-elle dans cet épouvantail qui effraie les hirondelles ?
Sous la toiture rouillée de cette maison jaune
Ou au fond de ce puits, dans l'arrière-cour
Dont on dit que la nuit, son eau se change en sang
Le sang des trois, que les machettes luisantes ont fait couler

Enfance

L'innocence
Est une larme souterraine
Qui se pleure la nuit
A l'approche des songes
Et s'évapore
Au frémissement liminal du jour

Enfance

L'innocence
Est un labyrinthe aux murs blancs
Où courent des éléphants
Sans défenses
Poursuivis par des soldats
De porcelaine et d'étain

L'oubliée (3)
Timba Bema

Le livre gris
Ou vert
Sur la table
Ouvert
Invite le doigt
Pensif
A le tourner
Page
Après page

Verts rivages
De l'enfance
Dans tes mains
Doucereuses
Je cherche
Mon oubliée

Qui se cache
Dans la jungle équatoriale
Dans la forêt de boccage
Dans le désert aride
Dans la steppe hostile
Dans la cordillère des Andes
Dans les routes de Samarkand
Dans les océans, dans les mers, dans les fleuves, dans les rivières, dans les ruisseaux, dans les lacs, désormais enterrés

Verts rivages
De l'enfance
Dans tes mains
Doucereuses

Je cherche
Mon oubliée

Comme on cherche le courageux
Parmi ces hommes indolents
Parmi ces marchands ambulants
Parmi ces yeux innocents
Où se devinent à peine, le rire de l'enfant

Dans une cour de récréation
Sous la majesté des arbres à gomme
Et l'odeur piquante des latrines
Le sable brun, portant encore les traces des palmes
Le jour consomme ses entrailles derrière les nuages gris

La cendre est espoir, espoir de renaissance
Les sirènes du port, à un jet de pierre, l'attestent
Ainsi que les pieds qui claquent bruyamment des dents
Sur cette piste entre deux océans de verdure
Que tes pas empruntent sans jamais y laisser de trace

Verts rivages
De l'enfance
Dans tes mains
Doucereuses
Je cherche
Mon oubliée

Dans les chiffres et dans les lettres
Dans le langage obscur des sciences
$12 - 8 = 4$ et $8 + 4 = 11$, euh… euh…12
P et *leut, pleut* : il *pleut* sur mon cœur
Le carré de l'hypoténuse d'un triangle est égal à la somme

Des bonheurs qui se cachent sous les jupes des filles

Elles crient, elles courent, les filles
Elles te sourient, entre leurs dents, tu es libre
Amigo ! Amigo ! Cries-tu au vendeur de sucettes
Amigo, où se cache donc mon oubliée ?
Soudain, la sonnerie retentit, comme un couperet
Tranche le cou du rêve éveillé

Verts rivages
De l'enfance
Dans tes mains
Doucereuses
Je cherche
Mon oubliée

Dans le livre gris
Ou vert
Sur la table
Ouvert
Qui invite le doigt
Pensif
A le tourner
Page
Après page

J'ai vu
Agbemele Kodjo

Je l'ai senti le Manding
Du souffle du Mandé j'ai le feeling
L'air chaud en smoking
Nous charrie dans notre sleeping

Je l'ai arpenté le Fouta-Djalon
Glissé sur ses neiges sans aplomb
Debout sur ce balcon
La vie en moi bourgeonne

J'ai sillonné le Joliba
Entre des nénuphars béats
Dans ces méandres, d'ici à là
De ces flots sans cadenas

La tempête de sable m'a dit *Salam*
Dans mes pensées sur le macadam
Le jazz du cœur, mes yeux en larmes
Inhibe mes fantasmes

Je n'ai pas vu le Sosso-Bala
Mais des danses au rythme de la kora
Des mâchoires croquant le cola
Et exécutant le *Gloria*

Je n'ai pas vu l'ergot de Soumaoro
Tout un peuple avec son égo
Vivace et actif tel un escargot
Volant au seuil de l'histoire en kimono
J'ai rencontré des hommes en boubou

Sans bâton de pèlerin ni gourde
J'ai rencontré des marabouts
Qui m'ont d'ailleurs donné rendez-vous

J'ai croisé des femmes à peau claire
Cirées par une pluie solaire
Elles sont des mères
Pas forcément peuls ni berbères

Les filles aux regards incendiaires
Ont érotisé l'atmosphère
Les êtres aux cœurs solitaires
Meuvent sans commentaire

Mon Afrique
Etchri Efoé Koffi Lucky Essénam

Mon Afrique est une bille d'or noyée dans les larmes des étoiles
Mon Afrique est le sourire du monde plongé dans l'éternuement de l'humanité
Mon Afrique est un océan trempé dans une goutte de cactus
Mon Afrique est une rivière de paillettes où des espérances délavées pendent son bonheur sur les cuisses de ses rejetons
Mon Afrique est un rêve de putti où on s'étonne de voir les Autres tracer des cauchemars rouillés sous les paupières de la Colombe
J'ai dit mes songes d'enfant au dealer d'espoir   Où dans ses mains diaphanes Mon Afrique est écrite en lettres de diamant.

Fil du péril.
Etchri Efoé Koffi Lucky Essénam

Ils sont les vagues qui éteignent les étoiles de l'Afrique. Ils sont la liberté en haillons que l'histoire porte au bras en pleurant. Ils sont les jours ridés entre les seins de Lampedusa. Ils sont ces mélancolies que l'océan tangue et remue sur les ongles de la Faucheuse. Ils sont la houle qu'emportent les fils du péril sur les dunes des espérances ligotées. Et sur la bergenous regardons impuissants l'océan vomir goutte à goutte ceux qu'il a avalés.

Sanglots.
Etchri Efoé Koffi Lucky Essénam

Nos larmes ne sont que des sourires évidés par l'œil ferrique d'un ouragan. Nos cœurs ne sont que des rues à genoux devant les pleurs du Ciel.
*
Lointain rivage au sombre soleil,
Heureuse carte postale défigurée dans nos mains.
Lune endormie dans nos yeux,
Irma, monstre au corps humide,
Écharde dans nos rêves.
Et ces sanglots qui se noient dans les farouches larmes du temps,
O ! Ports aux couleurs mélancoliques,
Je dessine votre sourire au cœur Arc-en-ciel.
10h10 min, 07-09-17, Jeudi

Rendez nous nos trésors
Nguetcheu Emile Arsele

« *Pour réclamer tous nos objets sacrés volés ...* »

Ce matin
Sous une pluie averse
Qui se verse et bouleverse
Tout Douala
Le pas alerte
Je traverse
Les rues de Bele Bele
L'*History Town*
Les yeux, le cœur lourd
Mon spirit
Comme un véritable coup de pilon
Dans le mortier de ma grand-mère
Pile pile l'oubli
Jusqu'à satisfaction

Et c'est en assez
Que je perroquette
Une igname de bonheur
A tous ceux dont je croise le chemin
La main
Hors de la poche
La bouche
Qui taquine la voix
S'élève
Haut
Plus haut que notre Fako
Notre Kilimandjaro

Et c'est en assez
Que je réclame
Requiem pour un continent assassiné
Que nous soient rendu
Nos trésors
Qui souffrent barricadés
Dans vos tristes pénitenciers
Que vous nommez pompeusement musée.

Rendez
Je dis bien rendez les nous
Nos trésors
Rendez
Rendez-les nous
La proue princière de sa majesté Kum'a Mbape
Rendez-les nous
La statue d'Afo Akom
Rendez
Rendez-les nous
Les os Ishango
Rendez
Rendez-les nous
Les reliefs historiques du royaume d'Ifé
Rendez
Rendez-les nous
La pierre de Rosette
Rendez
Rendez-les nous
Le zodiaque Dendérah
Rendez
Rendez-les nous
La statue de Ramsès II
Rendez
Rendez-les nous

Le buste de Néfertiti
Oui
Rendez
Rendez nous tout
Tout ce que vous nous avez lâchement volé.

16 juillet 2015, Sur les côtes du Wouri
Note : Extrait de *Les racines de la résistance*, Editions Afric Avenir, 2016

La Mémoire de l'oubli
Gils Da Douanla

– I–

La nuit se déploie sur les jours sans mémoire
Je traverse l'arrière monde onirique
Je remonte la haine mémorable des braises
Le sang et les larmes encore inondent

Pour édulcorer le gris qu'il fait
Le vent les grave dans la mémoire de l'oubli
Il germe des décombres du temps
Pour grandir les destins chétifs

Alors les souvenirs de l'histoire sans traces
Retracent les contours du passé amnésique
Et j'avance balbutiant et ignorant
J'avance vers l'être qui fut et je me découvre
Je ne l'ai jamais connu mais il est tellement moi

Son cri trouve écho dans mes entrailles
Les vies sont des ritournelles de l'existence
On est tous des êtres de mémoire
Au fond reflété par le miroir de l'histoire

– II–

Les hiboux cherchent maintenant leur maître
Dans les tumultes d'exaspération que gouvernent les ténèbres
La race décalée et les hommes au sang qui n'émeut
Peuplent les nuits de l'humanité sans astre lumineux

Tu es là au cœur des désillusions de la multitude
Tu regardes s'assombrir les destins que tu hypothèques

Les bribes de sourires pathétiques éclatent sur toi
Tu te sens aimé pourtant la haine sourit parfois

L'histoire qui s'écrit de rouge vermeil
Rappelle la mémoire amnésiée par ton nombrilisme
Tu as surgi où rien n'avait jamais existé
Et tu as donné vie à un mythe et à des créatures

Le crépuscule se dessine sur tes pas
Mais tu rêves encore comme une fleur à l'aurore
L'histoire se souviendra sans doute de toi
Elle n'oublie jamais ses malheurs

- III -
Femme, je sais que le monde t'a oubliée
Tu cherches ton chemin à l'ombre des attentions
Ta vie s'effrite dans le silence des malheurs
Tu es une honte pour la vie que tu donnes
Et tes entrailles généreuses se moquent de ta patience

Femme, je sais combien tu aimes
Tu fais de ton sein le verger de l'humanité
Mais tu n'enfantes ni fleurs ni ronces
Tu mets au monde des cœurs innocents
Et tu récoltes le mépris du destin

Femme, je sais que la lune a disparu hier
Mais ton corps est lanterne dans la nuit des épouvantes
La source et l'aboutissement des rêves fondateurs
Ton corps est histoire et mémoire du temps
Et ton désir l'étoile des nuits sans lune

Femme, je sais que tu n'es pas l'invention de l'autre siècle
Tu n'es pas le mensonge que raconte la phallodémence

Ne te laisse pas regarder par les yeux morbides
Tu es le sourire qui traverse le souvenir et l'avenir
Et ton visage maternel la promesse du futur

revenons au peuple qui se meurt
Mpesse Géraldin

ma bouche est un rifle dont les mots
acculent le haut qui renifle l'oxygène
et crache le carbone
sur le macadam du rêve cimenté

je traine dans mon carquois
les vingt six lettres de l'alphabet
j'enfante les vers que les flammes
voraces avalent

je mar
        che
                somnolent
je marche ivre des cochonneries du capitalisme
et sillonne les rues désertes

je mar
        che
                somnolent
sur la merde des politiques
sous les yeux impuissants de la mère violée
la mère patrie qui n'offre que
les festins faméliques au peuple

je marche
        je marche somnolent
et t'appelle ma belle

viens
viens voir le rêve qui se meurt
viens voir le rêve échapper

la mémoire de l'errant qui le fermente
viens voir le rêve
s'écraser sous le poids des flammes

et je t'appelle ma belle
viens
viens avec ton compas d'espérance
qu'on retrace les contours de la mère
que Um avait voulue
la plus charmante parmi les six du harem central
viens avec ton équerre
qu'on retrace la trajectoire du rêve piétiné

Aux Enfers
Ray Ndébi

Me voici, enfers, prenez tout de moi
Ne laissez rien, ni ma voix ni ma voie
Elles ne sont d'ailleurs miennes que par cette chair
dont j'ignore tout, sauf qu'elle va à la terre
Prenez tout, puisque de ne plus rien être
Là est ce qu'il faut… Faites-moi disparaître
Qu'il ne me reste plus aucune couleur
Pas le moindre esprit, ni joie ni malheur
Allez-y, prenez-les et brûlez-les
S'il le faut pour aller au paradis
Alors brûlez jusqu'au dernier avis
Il y a bien assez, en mes certitudes
de houille pour l'usine des pâles habitudes
Consumez de vos feux les plus voraces
Les plaisirs de ma race, leurs seins rapaces
Je n'ai droit à rien, si ce n'est à rien
Sert-il de connaître le mal et le bien
Il est du bien dans les guerres pour beaucoup
Et bien du mal dans les prières des fous
Ceux-là qui croient dur comme fer en la paix
Et sans le savoir, entretiennent l'ivraie
Ne sont-ils pas, eux, cette mauvaise racine
La griffe qui donne de la chair aux canines
Et ils tonneront encore les canons
Tant qu'on voudra de la paix sans pardon

Non, je n'en veux pas ! Enfers, me voici
Vous êtes déjà parmi nous, chers amis
Vous êtes chacun des airs que nous humons
Quand nous avons des désirs, nous brûlons
Oui, nous fondons comme sous la canicule

Il n'existe rien ici qui vous recule
Ne soyez donc pas pudiques, ni timides
Vous, nus par essence et mus par le vide,
Videz-moi de la liqueur de mes veines
Asséchez toutes les sources qui les contraignent
Au néant, aujourd'hui, que l'on me livre
Qu'enfin je connaisse l'extase du Libre.

A Dieu...
Ray Ndébi

Quand n'est ni soleil ni lune ni étoile
Ni bal de nuages entre la terre et son voile
La vieille veuve savoure sa plénitude d'ombre
Son visage baigné de l'intense pénombre
n'a plus besoin de masquer sa tristesse

Elle est splendide ainsi, l'obscure déesse
Le silence de son errance qui jadis
fut un chemin tracé du paradis
est aussi paisible qu'un glaive au fourreau
Loin de la taille et des mains du bourreau
...
A ces moments où Dieu n'est qu'une question
Peut-être le rêve tremblant de la passion
A ces moments où le temps n'est lui-même
qu'une vague couronne, déchue et plutôt blême
Les saisons perdent chacune l'air de son nom
La terre n'est plus la reine au bras d'Orion
Plus de jalouse alors pour la pousser
dans un trouble qui voit sa chair se creuser,
ses veines éclater, ses yeux exploser,
ses fleurs se flétrir, ses monts s'écrouler
C'est quand la mère n'est plus d'aucun attrait
qu'elle découvre la Liberté et la Paix
...
Ô vous, dieux des lumières et des couleurs
Antres de l'hésitation et de la peur
La Terre n'est plus une toile de votre musée
Jusqu'ici, elle ne l'a que trop été
Le temple de son âme l'appelle, elle y va
De grâce laissez-la, ne l'y suivez pas

Vos atours s'en trouveraient fort ternis
En même temps que vos prétentieux esprits

De toute évidence, vos serres s'y accrochent
Et les joies de vos bonheurs s'y embauchent
Nul doute qu'il vous serait pénible d'y être
Ne serait-ce que l'infime instant d'un spectre
…
La Terre s'en va, elle ne reviendra plus
Avec elle, j'aurai aussi disparu
Là-bas, il n'est plus ni ange ni démon
Il n'est plus d'inconnu ni de renom
Le soleil et la lune ne sont plus qu'un
Le moi, déjà orphelin, est défunt
Personne ne le pleure ni ne le regrette
C'est ce que le tain de la mer reflète
…
Alors adieu. Oui, à Dieu, s'il lui plaît
de vous préserver, un soir, des regrets.

Au bord de la rivière
Serges Cyrille Kooko

J'étais assis là-bas au bord de cette rivière
Que les nôtres appellent le Niger
Les poissons qui nageaient avec insouciance
Semblaient porter le poids de nos inconsciences

L'eau s'écoulait en pente douce
Emportant quelques êtres de la brousse
Qui par malheur s'étaient retrouvés
Dans ce torrent infernal et débridé

Cette eau jadis bleue
Portait en elle le signe de nos haines
La couleur sombre de notre déveine
Et le désespoir qui nous assène

Que de débris de tout acabit
Que d'ordures toutes pourries
Que de selles déversées à la pelle
Les nôtres sont vraiment cruels
Au bord de cette rivière
Grande mamelle nourricière

Au bord de cette rivière
Jadis si propre et fière

Les vagues semblaient transporter
Le futur de notre terre bafouée

Les vagues semblaient transporter
L'avenir des peuples de la mer

Les vagues semblaient dire
Ici, plus de place pour amerrir

Dans ma tête retentissait le slogan
« l'eau c'est la vie »
Pour nous, il vaudrait plutôt dire
« l'eau c'est la mort »

Au bord de cette rivière
Que les autres appellent le Niger
L'humain aux manières peu cavalières
Efface sûrement la vie sur terre !

Bamako, le 15 octobre 2018

Entends-tu ?
Serges Cyrille Kooko

Entends-tu le bruit de mes larmes
Qui s'écrasent sous le poids de ma peine

Entends-tu le vacarme de ma douleur
Qui se fracasse sur le mur de ton indifférence

Entends-tu le charabia de mon cœur
Qui se fissure de ton inconstance

Entends-tu tous ces silences
Que je t'adresse sans cesse
Et que tu jettes au gré des hasards

Entends-tu les échos incessants
De ce glas monocorde
Qui défait les cordes de mon espoir

M'entends-tu périr
Me sens-tu dépérir
Sous le fardeau indicible
De cette passion irascible

Entends-tu le bruit de mes pas
Qui s'éloignent lentement
De ton infernal cercle vicieux

M'entends-tu partir
Pour ne jamais revenir…

Bamako, le 29 septembre 2018

Deuil
Kokouvi Dzifa Galley

une ligne immobile
couchée
autour
des larmes essoufflées déplorent
ton dernier exil

***

le mal en robe noire
te donne son bras
devient ta demoiselle d'honneur
ses pas t'emportent
malgré les cœurs morcelés
le ciel coupé en deux
les portes de l'horizon ouvertes
se ferment
traversée ultime

***

une morsure
et la rage souffle sur la bougie
qui illumine ta vie

***

les amis d'enfance
disparus
cicatrices indélébiles
comme des visages
figent le temps

***

un bois flottant!
ho! des pieds! des mains!
un visage
que portent hurlements d'enfants

***

l'odeur a un nom
celui des mouches qui vrombissent
affolées,
excitées telles des guêpes bavardes
bouillantes telles des laves

Instant
Kokouvi Dzifa Galley

un instant
ses envoûtantes déhanchées
et mon trop-plein érode
le terre-plein de ma piété
et ne reste de moi que la symphonie
des monstres intérieurs

***

des envies de brisure
de brûlures
de lignes directrices tordues
pour d'éphémères caprices
bercées au creux de tous mes vœux

***

parer les mots anciens
avec le sourire des lèvres hier tristes
la mémoire
n'était plus qu'une fêlure

***

des rires
dans le jardin de Tokoin
des murmures
s'écrivent sur les murs
nos corps y mêlent
rires étouffés et regards coquins

***

le flambeau approche
donne-moi ta main
un rayon de lune éclaircit
un boulevard au devant de nous
fait monter la sève
à iriser nos cheveux
en une bleue tendresse

Eclosion
Ayi Dossavi

Et le doigt
Démiurge
Forge un mot-monde, un mot-bocal
Pour y loger sa folie créatrice
Se tailler une parcelle de Dieu
A même la chair infinie de l'imaginaire
Un brin d'éclosion pour tromper le silence

Une façon comme une autre
De dire « je t'aime »
A une plume égarée
Tombée de l'assiette du Créateur
Pour dompter l'impétueuse virtuosité
Du monde,
Qui se maquille devant la glace
Qui se dit et se redit sans cesse
Comme un murmure phosphorescent
Qui survole et nargue le néant

Lomé, 09 avril 2015

Holocauste
Ayi Dossavi

J'ai vu la terre rendre son souffle
En garantie à la banque
Puis compter ses morts après le festival de la faucheuse
Dame-Mort, juchée sur nos bipèdes arrogances
Fait ripaille de notre chair
Le sang généreux s'est donné à verse
A la lame revendicatrice
A l'urne démocratiste
A la lune hypocrite
A l'alternance Hippocrate
J'ai vu la terre manger l'Homme
Le gober comme un œuf à moitié cru
Dans sa gueule garnie d'or
De diamants
Et de sang
J'ai vu la fureur sourde du silence
Après l'humanité dépeuplée
Vidée de sa sève et de sa verve
Mise à la diète sèche
Au nom du grand nettoyage d'automne
Un harmattan prévaricateur a nettoyé les derniers os
Et tweeté, les doigts sur son IPhone :
« Le renouveau, messieurs, se fera sans vous. »

Lomé, Tokoin-Hôpital, 08 avril 2015

Ma poésie va nue
sur les sentiers du monde
A la recherche d'un brin d'herbe
d'une parcelle d'innocence
Pour y graver un sourire
ensanglanté et revanchard
Des douleurs oubliées
et des pleurs des faibles

Lomé, Tokoin-Hôpital, 08 février 2015

Je trace
Joel Amah Ajavon

Il faut que je trace
Traverser la frontière
De l'autre côté, le soleil est tendre
Il fait beau!
Les nuages ont des seins
Il y a du miel dans la pluie.

J'ai écouté ta voix
Elle a plongé là... dans la vague à l'intérieur de moi
Et me balance sur des flancs inattendus.
Comment fais-tu pour entrer dans mes yeux et déconstruire mes rêves ?
Regarde-moi, ne me fuis pas.
Je n'arrive plus à tracer
Je ne sais plus quel rêve j'ai rêvé
Je n'arrive plus à poser le pas
L'un derrière l'autre
Tu es dans mes oreilles et dans mon ventre.
Que cette voix devenue atrabilaire s'éteigne! Tracer ou mourir.
Tracer, c'est mourir un peu. Puis ressusciter. La résurrection qui happe la mort,
arpente l'arpège classique de vie et dégouline dans les égouts des sentiments.
IL FAUT QUE JE TRACE !

Note : Paru dans *Je trace sur la musique de la vague...*

Eunuque, je pense à toi
Joel Amah Ajavon

Eunuque, je pense à toi
Debout, assis, couché
Je pense à l'épice de ton soleil
A tes rues sonores
A la déferlente des klaxons
A la poussière-miel
Aux sourires-amènes
Aux visages-benoîts.
Tenu aux viscères, je chante ta splendeur moite
Loin de mon essence, je suis haret
En proie à l'étreinte de l'incertain
Mes brisures claironnent des cantiques-vins
Résidus douloureux du filicide
Pourtant je te porte à l'éternité.
Ma colère telle une pomme adamique
Sonne le glas de mon silence
Et accouche un azur auroral
Qui rend au Soleil son sourire
Et fait de nos plaies des lueurs
L'odeur de la terre en moi remonte
Je retourne à elle, fécond.

Apprendre à mourir
Herman Kamwa

Penser...
Penser pour se projeter,
Penser pour tracer les pas du matin,
Penser pour panser sa panse béante,
Penser pour exister tout simplement...
Non!
L'existence se meurt dans la panse et la pensée,
La vie pleure dans les grands livres
Et je crie:
Tuez-moi!
La mort vaut bien la vie dans ce monde
Lorsque le souffle est compromis.
La mort.
Oh ma chère amie
Tu es la seule vérité qui nous reste
Lorsque le mensonge se paie la vie.
Vivre et penser
Penser et vivre...
Non!
Je ne vis plus,
J'apprends à mourir.

Au bout du fil
Herman Kamwa

Un pas
Et un autre pas
L'inconnu est là
Au bout du fil
Comme un sourire sur le fiel
Une voix étrange...
La suspension écrit le suspens
La patience s'étiole
Mais le cœur ne lâche pas
Un pas
Et un autre pas
Tout est là
Au prochain carrefour
Comme le *matango* incarcéré
Les nouvelles senteurs de la vie...
La ponctuation s'évade
Dans les bras du vide
Le marchand des mots se perd
Amgaka?
Le ghomalá ne pleure plus
Au bout du fil
Une voix fine écrit l'avenir

Au gré du vent
Herman Kamwa

O lí rá té swóp?
Dans la rigolade ou la rigole
La liberté dit sa messe
Le vin a noyé le pain
Peut-être n'irons-nous pas au ciel
Je marche,
Je trottine,
Je vole,
Au gré du vent
Le village brûle ou sourit,
Personne ne fuit...
Kungne lām rá?
L'amour passe,
Le désamour aussi
Au gré du vent
Nous serons encore là demain
Pour dresser le parler des ancêtres
O lí rá té swóp?
Avec ses bras de fer
La rue héberge nos malheurs
Je marche,
Je ne grève pas
Au gré du vent
J'irai au marché de la paix
Mà lós mà kê, mà lós mà kê
C'est le jour de solde
On vend pour perdre
Mais personne n'achète
O lí rá té swóp?
La maison brûle,

La maison a brûlé
Où dormiront les enfants?
Je marche
Je ne cours pas
Au gré du vent
Pour dire le mal qu'on m'a fait
J'irai au pays des ancêtres
Cocorico, quiquiriquí, cocorico
Le jour est encore loin
Mais déjà chante le coq du sacrifice
Pour réveiller les dieux du Cameroun
Sí Vac-vac pô Sí Kanmalí lusí
Par ici et par là,
On annonce les funérailles du sommeil
Levez-vous, morts ou vivants!
O lí rá té swóp?
Au gré du vent
Je rebâtirai ma maison.

La moquerie
Ousmane Sanogo

Les lianes de la vie
Nos vies étiolées
La voix des bourrasques
Les chemins tressés
Comme la queue d'iguane
La haine vaine de la vie
Rien ne reste dans l'abîme
Réveille des étoiles
Le soleil vagabonde
La joie de la larme
La vie de long chemin
La chaîne de la mort
Toutes voix se taisent.

L'étranger
Ousmane Sanogo

Le venin du vent, de l'orage, de la pluie !
Où le puits du sang creusé sur le blanc de Dieu ;
L'étranger vilipendé et mort soucieux,
Néanmoins, son cadavre est sous cieux.

La restitution
Ousmane Sanogo

Le conventicule
En rond de la ronde
De nos vies
La nocturne qui guêpe
La pénombre
La voix des voix
Monte à l'acmé
Des esprits qui dorment
L'espoir de l'homme
Seul le destin l'entame

Le miroir
Ousmane Sanogo

Ce matin, de l'autre côté du miroir
Un monsieur chauve ouvre le tiroir
Dont le fond se trouve un peu noir
J'imagine que c'est mon seul ami
C'est tout mon contraire l'ennemi
Je n'imagine plus, c'est tout moi !

Oh, non !
Ousmane Sanogo

Regarde, ce siècle s'abime !
Oh, non ! Ce siège s'abime.
Attends, La chouette culotte !
Lançons le carnaval de l'intime
Qui veille sur la poésie ? - Le thème !
Que la poésie veille, mon poète !

Ce soir
Ousmane Sanogo

Assis dans l'ombre du crépuscule
Je vois des gouttes d'eau tombées
Par une porte solitaire avec peu de
Lueur reflétant l'ombre crétin du soleil
Au fond je sens aussitôt son fumet
La pluie m'a apporté une nuit froide

La Sphinge
Sadlay Fiat-lux Hounyeme

A la génération du Corona virus

Alors qu'ils s'enivraient de toute débauche,
Et s'offraient le bain des plus grasses noces,
Les fanfares tempêtant à péter leur tympan,
Rires violents, pleure de joie, de toute part fusant,
J'ai prié ma douleur d'adoucir ma frayeur.

Alors qu'ils hurlaient d'euphorie à en friser la folie,
Les éclats opulents des dents pouffant de bonne vie,
Sous le fouet de l'oisiveté et la fièvre de l'aisance,
A ma peur et mon aigreur, j'ai dit : allons-nous--en.
Allons en hâte apprendre au désespoir

Que le futur par ce jour sinistre écœure.
Allons conjurer au divin d'ôter nos déboires
Avant que sa colère ne tonne sur la terre.
Alors qu'ils assoyaient la perversité à leur face
Et la voyait rayonnante de tout attrait,

Les colombes, œuvres de leur main agile,
Pavanant par millier la quiétude des océans
Avec le Pérou, la richesse à leur flanc,
La sphinge surgit. Elle surgit à la lisière de la nuit.
Alors qu'ils s'assoupirent dans un rêve qui charmait leur envie,

Alors qu'ils rêvaient d'une somptueuse vie à venir,
Elle vint tel l'émissaire du faiseur de vie.
Alors qu'ils exagéraient dans leurs profanations
Et ne retombaient point leurs pattes
Tant qu'ils parvenaient à broyer tout obstacle,

La sphinge vint claironner la halte de leur audace
Et sonner le terme de leur insolence qui outrepasse.
Alors qu'ils s'égosillaient le gosier éclaté,
Voici que se lève la sphinge d'au-delà de la bleuté.
Elle se lève, le pas sectaire, la corne au rare.

Pour désavouer la mégalomanie humaine.
Elle se dresse sous d'assourdissant cor au nard
Pour mutiler le rêve et abréger l'espoir.
Elle surgit pour perdurer l'effroi et trôner la foi
Au milieu des êtres qui de rien aux yeux n'ont froid.

Vivre selon Lui
Sadlay Fiat-lux Hounyeme

A tous les démunis d'Afrique.

Des flancs d'une voie veuve de paix,
Tinte une indolente voix veule de vigueur.
C'est le cri d'une folie repentie
Qui avec force et au son d'un sobre cor retentit.

Je suis l'amer fruit d'un regret.
L'espérance d'une mère
Que la douleur supplicie,
La promesse d'un père
Que la ferveur ternit.

Je suis un sans-abri.
Et si vous me demandez ce qu'est la vie,
Je vous répondrai de mon accablée voix:
C'est naître pour, tout froid, périr sans toit.
Je mène la vie des *malgré-soi*.

Mes peines sont des amers soirs.
Au-delà de tout ce que je sais,
Le succès ne vit pas à notre ère.
La gloire n'habite pas notre univers.
Ils sont d'un monde où la vie est éphémère.

Je suis un orphelin, une âme inouïe.

Je suis d'un air enfantin, mais démuni.
Si vous me demandez ce qu'est la vie,
Je vous répondrai de mon affamée voix

Que c'est vivre téméraire sans mère
Et austère avec candeur sans père
Dans un univers dépourvu de cœur.

L'enfant de rue vous dira le contraire.
Pour lui, vivre c'est subir la raillerie des nuits froides,
Offrir la chaire toute crue aux nues étoiles,
Et la dissimuler quand s'éclipse leur lueur.
C'est une vie cruelle sous l'ardeur des réverbères.

Je connais qui vous en dira mieux.
C'est l'aveugle qui mendie sans voix.
Selon lui, vivre c'est souffrir des regards
D'un monde qu'on ne peut voir.
Des regards sans cœur et sans âme.

Le sourd-muet vous dira que vivre,
C'est rire des supplices qu'on ne peut entendre.
Parce qu'on ne peut les dire.
Une vie où la douleur décime,
Une vie de pesant châtiment.

La femme vous en dira plus.
Elle vous en dira assez car elle endure plusieurs.
L'être au cœur des supplices.
Elle, elle vit la tristesse et des aigreurs au ton divers.

C'est le cri d'une folie repentie.
Qui avec force et au son d'un sobre cor retentit.
Je suis l'amer fruit d'un regret.
L'espérance d'une mère
Que la douleur supplicie,
La promesse d'un père
Que la ferveur ternit.

L'enfance
Sadlay Fiat-lux Hounyeme

Aux enfances regrettées

Si le rêve était un sentier qui y mène,
J'irai tôt avant l'aurore par les airs houleux.
J'irai seul flanqué d'un cor dans les ères pliées,
Là où sont rangées les douceurs des ans heureux,
Là où sont égarés rire aux éclats et regards envieux.

J'irai palper l'innocence, sourire à la passion,
J'irai avant le matin visiter l'esprit curieux,
Aller vivre près de la gaîté et de la nocivité,
Aller prêter à la crédulité sa chanson.

Que le temps freine ses pas
Et que les ans en fassent autant
Afin que j'aille de ce pas
Offrir tout mûr ce que je suis
Au forgeron qui le mérite le plus.

Que le rebours me fasse volte-face
Et qu'alors trépignant j'attende,
Les âges révolus retombent leurs pas
Pour qu'au portier du début d'infini,
Je scande l'oraison, selon le rite.

Une oraison au ton contrit
Qui ne l'a point vue partir,

Au son d'une affligée lyre
Qui a manqué de l'ensevelir ;

Hommage à mes beaux vieux âges,
Témoignage d'une aphone voix de sage,
Charge avérée du procès contre le temps, pillard d'âge,
Lui qui me prit l'enfance sans aucun gage.

Enfance, instant de pureté, d'innocence,
Enfance, instant de cécité, d'insouciance,
J'aimerais t'avoir au seuil de ma souvenance,
J'aimerais te revoir aux termes des jours de répugnance,

Revoir l'insouciance, me dérober aux difficultés de la vie.
Revoir l'innocence, nourrir et couvrir mon oisiveté
Sans le moindre prix.
Qui y mène, si le rêve était un sentier,
J'irai tôt avant l'aurore par les airs houleux.
J'irai seul flanqué d'un cor dans les ères pliées,
Là, où sont rangées les douceurs des ans heureux,
Là, où sont égarés rire aux éclats et regards envieux.

Opportuniste reine
Akpao Gninwo Armel

Je grave ton doux nom et ton affreux visage
Sur le front endolori de l'histoire en crise
Comme le signe de la croix au moyen-âge
Sur la première pierre des églises

Je grave ton doux nom et ton affreux visage
Pour que subsistent aux époques lointaines
Les moindres vers de mes sombres pages,
Chères reliques enfouies dans les mémoires humaines !

Sur le front endolori de l'histoire en crise
De ton bras levé qui ébranle le monde, tout le monde,
L'humanité, cet arbre qui perd par milliers ses fruits sous ton emprise,
Te voit sourire au moindre écho de ses pleurs profonds.

Comme le signe de la croix au moyen-âge,
L'univers entier marqué de l'âpre sceau
De ton navrant ouvrage, oh ineffable naufrage !
Se cloîtrer comme dans son terrier où se retranche le blaireau

Sur la première pierre des églises
O Reine virale ! Ubiquiste et opportuniste despote,
Tu trônes dans toute onde émise
Et aux dogmes et aux axiomes, tu escamotes.

Je grave ton doux nom et ton affreux visage
Sur le front endolori d'histoire en crise

Comme le signe de la croix au moyen-âge
Sur la première pierre des églises.

"Le fils d'un homme"

Chant du tangage
Itoua L'Okalé

Tangue la voile de nos pas
Et nos silhouettes
Sur l'immense océan de la vie

Pierre !
Regarde venir ton Seigneur en fantôme
Ne pouvons-nous pas comme toi
Jeter un seul pas sur la mer de nos vies
Sans nous noyer

Ces flots mugissant sur nos silhouettes
Et les vagues écumantes
Révélatrices de la rage humaine

Tanguent nos ombres à la tombée de la nuit
Sur le morne océan du désespoir
Que le soleil revienne délivrer nos chemins

Jonas !
Il y a encore des âmes à repêcher à Ninive !

Baleine !
Il n'y a meilleur bateau que toi
Pour atteindre Ninive
Ville salvatrice
Villes aux âmes meurtries

Voici la nuit morne
Dans nos entrailles entaillées,
Descendre immerger
Encore une fois nos âmes cernées

Tangue la vie humaine, tanguent nos ombres
Qui au passage du vent
Comme le sel dans l'eau
Et la fumée dans l'air
Se dissipent

Jonas, pars pour Ninive !

Fraîcheur des vents calmes
Alvie Mouzita

L'âme vivante dans les palmes ne taira plus nos heures délisses, cette rame vivace des palmes
Épluchera fraîcheur des vents calmes, car vont vers ses cuisses lisses ces pauvres paysans cuire leur repos étale
Les sagaies des paysans vibrent au seuil de leurs lèvres où ait fleuri liberté qui brise fièvres, hisse des vrais fifres

Des vifs murmures sur les courbes murs du fleuve vitupèrent l'oppression mère chargée des bois qui blessent
Et vous mères, qui bercez le sang noir dans les plus grands hivers du soir, lui seriez-vous vigiles au cirque où viennent ses ennemis aux yeux verts ?
Amères sur les joues sont les larmes qui coulent. Immense, ô pleure mon cœur pour ce désastre rouge
Ne vous ai-je pas dit mon cœur est un esclave de motte africaine ?
Évidemment le ventre anoblit
Les entrailles sont une moule du potier qui vêle génisson, ainsi je ressens l'esprit divin à travers l'amour maternel
Matériels, or, miniers, hormis ces choses pillées
Quand nos mamans sont fusillées dans les villages comme on fusionne vérole au sang dans corps d'enfant noir
Vais-je traîner ma lyre de poète à la mer en fête sur ses délires de marches vers les roches ?

Enfant, je rêvai à mon âge printanier me vêtir des feuilles qui emballent le manioc, sauver du drame les fourmis qu'on piétine comme patine dans gourbis une mauvaise trame

Non, ô foule, mon audience sur ce versant de terre en déclin !
J'ai vu sourire mes aïeux car j'ai gardé fétiche qui à moi révèle science pour guérir mon pays atteint de lèpre
Mères, maintenant je veux que vous pleuriez,
Que vous pleurez de joie car ses larmes sont des rosées qui fleurissent la paix au cœur
Voici les nattes s'étalent dans les paillotes, s'en aillent à l'horizon remords qui s'évaporent
Dormez, ô vous que rafraîchit fraîcheur des vents calmes au passage doux et calme d'ondée qui roule roses rosées

Mwasi Kitoko
Alvie Mouzita

Tes doux mots laissent sur mes lèvres des ornières d'allégresse et s'épanche un sanglot de cloches sous ma poitrine penchée
Forgeronne, tu modèles des cœurs d'acier, moules et meules, et deviennent sucre d'orge sans feuilles mouillées
Augure ou mage, un grimoire sur tes cuisses ronfle et marche à la sueur des nuits fragiles pour fleurir les flores visqueuses, aqueuses des fleuves où nichent ou nicheront les fruits verts des voluptés

Et puisque tout se fait nocturne sur l'ardoise de nos toits, les alizées mauves qui meuvent soudain le feuillage des mangliers au creux de la mangrove, se greffent en douceur sur le mur de ma peau
Voilà qui est miel fauve des fourmis qui fourmillent si joyeux me rappellent l'hivernage des pâques où tout se vêt régal
Ah Mégane ! Achemine mes pas si froids vers ces chemins qui mènent aux roses cheminées et où roucoulent les fauvettes - ne savant que frissons à livrer
Je m'endors au cirque du lac vaste oubliant mes problèmes couleur d'ombre, si beau de voir surfer laitance des carpes comme une laitière au quartier que bordent des palmiers
Ainsi doucement viennent à mes oreilles, les douces paroles venant des ramiers et chants de ta bouche première
C'est le soir dans une tendresse de mer où me fouillent et me trouvent des liesses qui m'effleurent sans râle
C'est le noir dans une chevelure comme fleuve de cette femme qui tresse les amours sans faire mal

Mégane, ô mwasikitoko, écoute battre mon tam-tam qui va bondissant par-dessus collines galbées d'une pléthore d'euphorie
Je me jette à tes pieds, ô toi svelte rose aux pétales qui fleurent. Verse tes charmes si charmants dans mon cœur comme cabaret où se boivent saudades sous sonate morose
Berce l'enfant qui trouve son sourire dans le rêve marin de tes yeux, senteurs de serre mouillées de rosées
Il est doux le crépuscule qui tombe quand chantent si bas les tourterelles
Ô congolaise, mwasikitoko, créatrice de l'art d'acheminer les mers sans chemin de fer sur les dunes pour une prairie verte
Pour toi j'ai hissé sur les cheveux d'amazone ton étendard qui a su tisser les étoiles sur ma natte bantoue

Incantation du feu
Alvie Mouzita

Je me connais chiffre trois qui pédale l'os de lumières pour une muraille mussive aux bouches des pyramides
Quand je m'abreuve au lac, sur mon front s'étirent les flammes qui brasillent les perles du cosmos
Et tous les flots du cosinus deviennent orange, ce feu qui me rend fort pour lui je ne dormirai pas
Je réitère, j'appartiens aux légions des panthères noires, dont les yeux sont orange et le front garni du feu rare
Garnies de ce feu, mes paupières font fuir les vipères perfides du fin fond de mon fleuve noir

J'ai dit, je ne dormirai pas dans les nuits profondes, j'ai dans ma gorge un verbe pour invoquer le feu
Mon Afrique, ce tam-tam de moi est paré du collier, corail colorié pour corollaire qui refuse de vieillir
Je ne dois pas dormir mais veiller !
Vêler un feu entre les bois qui n'ont cendres pour filles, feu qui éclaire et fait taire les crépuscules
Feu où s'adossent les âmes de mes aïeux qui deviennent fulgores et volent sans corps dans les cases des peuples émaillées nocturnes

Feu du foyer dans la lune, dans soleil, feu qui fend lumières et file au fil d'étoile filante pour mordre les fiels
Je ne dormirai pas dans les nuits profondes, mon repos aux corps qui travaillent dure j'ai vendu
Ma racine a des sèves qui offrent des chants aux flûtes pour dorloter les fatigues des forgerons

Je dois veiller ! Surveiller ce feu qui saigne à flots bêlés pour expier les âmes mouchetées de sales tâches du guépard
Ce feu qui guette, parle et ne part pas sans panser les plaies des braves, ces bras qui tiennent bravoure pour invoquer feu, protecteur des rêves, printemps qui reverdit après crève de bruyère ! Feu qui fit Verbe sur terre où parle un nègre
Ce feu, une pharmacopée pour anéantir les monstres
Une femme qui a clopé sur sol pour recevoir semence
Ô vous poètes, faites-vous scribes qu'il vous dicte pulsation de ses flammes pour bouillir vos érables et en faire tisane

Souffle
Abdou Rafiou Berekou

Mon cœur bat
Au rythme du vent
Qui soulève sa robe

Mes regards s'excitent
Aux vues de ses douces jambes
Tout en espérant un autre geste du vent

Elle a un corps en musique, Mélodie de mon âme
Chant, chant, chantonne
Au rythme de nos reins
La sérénade des anges

Je fige mon esprit sur la douceur de cette Être Pour qui je m'abandonne telle une..

Souvenir
Laroche Ngodjo Abata

Dans ma mémoire
Se dessinent des souvenirs
Souvenir de nos temps passés
L'ombre de ta silhouette
Fait la ronde de mes pensées

Sur les premières marches de l'aube
Ta voix fait écho dans le vent
Pour caresser les souvenirs
Enfouis dans ma mémoire
Pour faire danser sous mes paupières
Nos cœurs joyeux d'antan

Aujourd'hui la pâleur du jour
Ride mon visage
Le froid matinal gèle mon cœur frêle
Seul la beauté du crépuscule
Le sourire de la verdure
Maintiennent ma flamme en éveille

Bronzitude
Michel Dongmo Evina

Notre écorce naquit des abymes colorés
Moulée dans l'argile soyeuse du Zambèze
Elle était faite de la même souche que l'iroko
Et sa légende remonta les latitudes enchantées

Bronzés par trois millénaires de mépris
Nous n'avons pourtant cessé de marcher
En rangs fourmillants
En rangs arc-en-ciel
Insensibles aux lots de crachats brûlants

Les injures coulèrent en flots
Ruisselant sur ce roc d'épiderme
Et nous avons quand-même marché
Couvant sous la rudesse de cette échine
Une somme d'humanité incandescente

Oui, nous sommes foncés depuis l'aube des temps
Sous cette croûte cramée git notre mère Soleil
Et nous venons dire ces vérités inquiétantes
Aussi drues que le grain de notre écorce capillaire
L'humanité naquit dans une couche de mélanine
Votre haine s'écroulera au seuil de notre pigment.

Le feu du milieu
Michel Dongmo Evina

Appel au secours dans l'arène des étreintes
Quand ton corps brûlant pétille d'impatience
Ta peau effusive diffuse des étincelles
Je plonge mon corps la langue la première
Dans le cratère de tes coulées d'orgasme
Et je m'embrase tout entier dans la fournaise de la fente
Et je m'étale patiemment sous les combles de l'amour

J'étouffe de plaisir dans la couche ardente
Où ton souffle chaleureux m'édicte la cadence
Je m'abandonne et je me perds
Je te touche et je me trouve
J'éprouve la morsure de ton sein insoumis
Je sens la brûlure de ta fente en furie
J'éructe des râles sourds je cogne je trépigne
Je te laisse m'emporter ô feu
Dans les torrents du milieu en furie.

Réminiscences
Faustin Junior Embolo Embolo

Les rires agonisaient dans l'enfer
Celui des citadelles écartelées
Où l'espoir vivant mourait dans les révoltes des profondes
fortunes infidèles
Des hommes aux chants étranges d'orgueil aux milieux des lieux
sataniques
Des mains infécondes
Sales et imprudentes
Je n'oublie pas dans ma mémoire sauvage
L'humiliation des générations de l'indigénat
La guerre pour une guerre sans enjeux
Mais dans un jeu de sang et de blessure
Les yeux cherchant la plénitude dans l'irrésistible amour
Sont toujours affamés dans les meurtrissures indignes des
travailleurs forcés
Des existences humiliées
Jusqu'aux tragédies des perles dévalorisées
L'Afrique devient le martyr
D'horribles démons
Je n'oublierai jamais le désastre salué par les voisines
Herbes sauvages vulnérables et impuissantes
Parfois mulâtres
Parfois métisses
Parfois négresses
Nous sommes le nombril du monde
Une ceinture qui se rompt dans l'écartèlement d'une terre meurtrie
Nous sommes le tonnerre au sein d'une île inexistante
Nous sommes la source de vie
Où est attaché le cordon sombre des sources profondes de sueur

Nous sommes les peuples faibles tristes et doux attachés aux ancêtres
Et sur le bois de la mort les syllabes de la flamme crépitent
Et leur résonnance laisse jeter l'odeur de nos poils brûlés
La misère des hommes transfigurés
Des soirs aux violentes fessées
Non je n'y pense plus
C'est tragique
C'est fou
Mais c'est vrai
Le temps n'entache pas ce souvenir
Il est couvert d'une bâche protectrice
Que rien ne peut ternir
Souvenir de violence chanson de misère
Antienne de barbarie
Je suis le prisonnier de mes cauchemars

L'Afrique contaminée
Corneille Mbonyi

Je suis une étoile, fils du Royaume Kongo,
Derrière l'Afrique, j'ai ressenti les fouets de Tipo Tipo,
Bêtement, la blanche planète a tissé le calvaire sur nos terres,
Sans pitié ni âme, le sang a coulé, c'était l'enfer.

Refrain :
Je suis une étoile, fils du Royaume Kongo,
Le calvaire sur nos terres, le sang coulant en longs flots.
Je suis une étoile, dans l'obscurité, je me noie,
Mais je brille toujours, malgré le poids de l'histoire.

Je suis un Soldat qui a vu l'aurore zaïroise percer,
Après une nuit sombre, qui a versé des larmes sur l'Afrique blessée,
Comme on dit que l'abeille ne vise que le visage du miel,
C'est ainsi que les blancs ont persisté dans leur bêtise,
Sans lâcher d'un centimètre la carte du Congo,
Et Lumumba, cette cicatrice immortelle,
A été emporté par des complots,
Faute de frapper à la porte de la Paix et de la justice

Refrain :
Je suis une étoile, fils du Royaume Kongo,
Le calvaire sur nos terres, le sang coulant en longs flots.
Je suis une étoile, dans l'obscurité, je me noie,
Mais je brille toujours, malgré le poids de l'histoire.

Je suis le témoin de l'Europe qui a contaminé l'Afrique,
Nos esprits drogués subissent des effets tristes,

Et c'est ainsi que l'éléphanteau veut couper les cornes de l'éléphant,
C'est ainsi que le Rwanda nous chasse de notre terre.

Refrain :
Je suis une étoile, fils du Royaume Kongo,
Le calvaire sur nos terres, le sang coulant en longs flots.
Je suis une étoile, dans l'obscurité je me noie,
Mais je brille toujours, malgré le poids de l'histoire.

A toi Afrique
Serge Billo Ebanga

Mon cœur battait dans tes mains fleuries
Où j'ai cueilli des bouquets de soleil exquis
Pour combler le vide de mes insuffisances endolories
Ô Afrique berceau de la vie !
En rode chant je te dédie
Mon hymne à la lisière de la poésie ;
Toi ! royaume des vertes prairies
Vers qui accourent mes désirs.
Soir et matin je te bénis !
Sois préservée de l'oublie ;
Mieux des tragédies
De tes enfants désunis.
Mon cœur bat encore dans tes mains
Où mon âme t'exalte terre de ma patrie.
Ô Afrique terre de mon sang, de toute ma vie
Je porterais tes ailes vers le lointain infini.

Oublier
Chandra Feupessi

Il n'oubliera jamais ce jour
Où vos deux cœurs entrelacés
Encore dans les feux de l'amour
Se sont séparés

Il n'oubliera jamais ces interminables heures
Où au bord de la mort
Il ne lui restait plus que les pleurs
Pour ton réconfort

Il n'oubliera jamais ce regard
Plein de tristesse
Parlant dans le noir
Pour avouer tes faiblesses

Il n'oubliera jamais tes dernières paroles
Dites entre tes derniers cris Qui eurent pour rôle
D'affaiblir son cœur déjà meurtri

Il n'oubliera jamais cette fille Qui gisait là
Avec qui il voulut fonder une famille
Avec qui il rêvait autrefois

Mmap New African Poets Series

If you have enjoyed *ABRACADABRA*, consider these other fine books in the **Mmap New African Poets** Series from *Mwanaka Media and Publishing*:

I Threw a Star in a Wine Glass by Fethi Sassi
Best New African Poets 2017 Anthology by Tendai R Mwanaka and Daniel Da Purificacao
Logbook Written by a Drifter by Tendai Rinos Mwanaka
Mad Bob Republic: Bloodlines, Bile and a Crying Child by Tendai Rinos Mwanaka
Zimbolicious Poetry Vol 1 by Tendai R Mwanaka and Edward Dzonze
Zimbolicious Poetry Vol 2 by Tendai R Mwanaka and Edward Dzonze
Zimbolicious: An Anthology of Zimbabwean Literature and Arts, Vol 3 by Tendai Mwanaka
Under The Steel Yoke by Jabulani Mzinyathi
Fly in a Beehive by Thato Tshukudu
Bounding for Light by Richard Mbuthia
Sentiments by Jackson Matimba
Best New African Poets 2018 Anthology by Tendai R Mwanaka and Nsah Mala
Words That Matter by Gerry Sikazwe
The Ungendered by Delia Watterson
Ghetto Symphony by Mandla Mavolwane
Sky for a Foreign Bird by Fethi Sassi
A Portrait of Defiance by Tendai Rinos Mwanaka
Zimbolicious: An Anthology of Zimbabwean Literature and Arts, Vol 4 by Tendai Mwanaka and Jabulani Mzinyathi
When Escape Becomes the only Lover by Tendai R Mwanaka

وَيَسهَرُ اللَّيلُ عَلَى شَفَتي...وَالغَمَام by Fethi Sassi
A Letter to the President by Mbizo Chirasha
This is not a poem by Richard Inya
Pressed flowers by John Eppel
Righteous Indignation by Jabulani Mzinyathi:
Blooming Cactus by Mikateko Mbambo
Rhythm of Life by Olivia Ngozi Osouha
Travellers Gather Dust and Lust by Gabriel Awuah Mainoo
Chitungwiza Mushamukuru: An Anthology from Zimbabwe's Biggest Ghetto Town by Tendai Rinos Mwanaka
Zimbolicious: An Anthology of Zimbabwean Literature and Arts, Vol 5 by Tendai Mwanaka
Because Sadness is Beautiful? by Tanaka Chidora
Of Fresh Bloom and Smoke by Abigail George
Shades of Black by Edward Dzonze
Best New African Poets 2020 Anthology by Tendai Rinos Mwanaka, Lorna Telma Zita and Balddine Moussa
This Body is an Empty Vessel by Beaton Galafa
Between Places by Tendai Rinos Mwanaka
Best New African Poets 2021 Anthology by Tendai Rinos Mwanaka, Lorna Telma Zita and Balddine Moussa
Zimbolicious: An Anthology of Zimbabwean Literature and Arts, Vol 6 by Tendai Mwanaka and Chenjerai Mhondera
A Matter of Inclusion by Chad Norman
Keeping the Sun Secret by Mariel Awendit
سِجلٌ مَكتُوبٌ لتَائه by Tendai Rinos Mwanaka
Ghetto Blues by Tendai Rinos Mwanaka
Zimbolicious: An Anthology of Zimbabwean Literature and Arts, Vol 7 by Tendai Rinos Mwanaka and Tanaka Chidora
Best New African Poets 2022 Anthology by Tendai Rinos Mwanaka and Helder Simbad
Dark Lines of History by Sithembele Isaac Xhegwana

a sky is falling by Nica Cornell
Death of a Statue by Samuel Chuma
Along the way by Jabulani Mzinyathi
Strides of Hope by Tawanda Chigavazira
Young Galaxies by Abigail George
Coming of Age by Gift Sakirai
Mother's Kitchen and Other Places by Antreka. M. Tladi
Best New African Poets 2023 Anthology by Tendai Rinos Mwanaka, Helder Simbad and Gerald Mpesse
Zimbolicious Anthology Vol 8 by Tendai Rinos Mwanaka and Mathew T Chikono
Broken Maps by Riak Marial Riak
Formless by Raïs Neza Boneza
Of poets, gods, ghosts. Irritants and storytellers by Tendai Rinos Mwanaka
Ethiopian Aliens by Clersidia Nzorozwa
In The Inferno by Jabulani Mzinyathi
Who Told You To Be God by Mariel Awendit
Nobody Loves Me by Abigail
The Stories of our Stories by Nkwazi Mhango
Nhorido by Siphosami Ndlovu and Tinashe Chikumbo
Best New African Poets 10th Anniversary: Selected English African Poets by Tendai Rinos Mwanaka
Best New African Poets 10th Anniversary: Interviews and Reviews of African Poets by Tendai Rinos Mwanaka
Best New African Poets 10th Anniversary: African Languages and Collaborations by Tendai Rinos Mwanaka
ANTOLOGIA DOS MELHORES "NOVOS" POETAS AFRICANOS 10º Aniversário: Poetas Africanos Da Língua Portuguesa Selecionados by Lorna Telma Zita and Tendai Rinos Mwanaka

www.ingramcontent.com/pod-product-compliance
Lightning Source LLC
Chambersburg PA
CBHW070849160426
43192CB00012B/2364